श्रीकृष्ण

श्याम सुशील

श्रृंखला सम्पादक
लीलाधर मंडलोई

वाणी प्रकाशन ग्रुप
भारतीय ज्ञानपीठ

वाणी प्रकाशन : भारतीय ज्ञानपीठ की पुस्तकों के एकमात्र प्रकाशक एवं वितरक

सजिल्द पहला संस्करण : 2017
सजिल्द दूसरा संस्करण : 2024

शिक्षोदय ग्रन्थमाला : ग्रन्थांक 033

प्रकाशक
वाणी प्रकाशन ग्रुप
4695, 21-ए, दरियागंज, नयी दिल्ली-110 002
फ़ोन : 011-23273167, 23275710
ईमेल : sales@vaniprakashan.in

ISBN 978-93-263-5520-9

श्रीकृष्ण
(जीवन-कथा)
श्याम सुशील

SHRI KRISHNA
(Jeevan-Katha)
by Shyam Sushil

मुद्रक : आर. टेक ऑफ़सेट प्रिंटर्स, दिल्ली-110 032

Price: 295

देश के भविष्य
युवा साथियों के लिए

अपनी बात

आदौ देवकी देवी गर्भ जननं गोपी गृहे वर्द्धनम्
माया पूतन जीवितापहरणं गोवर्द्धनोधारणम्।
कंसच्छेदन कौरवादिहननं कुन्तीसुतां पालनम्
एतद् भागवतं पुराणकथितं श्रीकृष्णलीलामृतम्।।

यह है भागवत—एक श्लोकी, जिसमें श्रीकृष्ण का जीवनवृत्त संक्षेप में समाया हुआ है। श्रीकृष्ण जगद्गुरु हैं, युग पुरुष तो हैं ही उससे भी अधिक कालातीत व्यक्तित्व हैं। वे केवल अपने युग के नायक नहीं हैं युग-युगान्तर तक, जब तक यह सृष्टि है तब तक मनुष्य मात्र के लिए एक सच्चे पथ-प्रदर्शक बने रहेंगे। कर्म और ज्ञान, भक्ति और समर्पण, योग और सांख्य के समन्वयक के रूप में वे हमारे गुरु हैं क्योंकि द्वन्द्व ही अज्ञान का मूल कारण है। श्रीकृष्ण की लीलाओं को मात्र चमत्कार के रूप में न देखकर हमें उनके मूल में छिपे हुए तत्व को समझना होगा। आज के नैसर्गिक प्रज्ञा सम्पन्न युवा के मन में प्रश्न उठता है कि कैसे एक नन्हा-सा बालक या युवावस्था की ओर बढ़ता हुआ किशोर निहत्था होते हुए भी इतने राक्षसों का वध कर सकता है! इस सुन्दर परिकल्पना को यदि इस रूप में देखा जाए तो बात समझ में आ सकती है। हर बालक कृष्ण-रूप ही है। जीवन में हर बालक को विपरीत स्थितियों का सामना करना पड़ता है। ये विपरीत स्थितियाँ ही राक्षस-तत्व हैं। यदि हर बालक अपने आत्मबल को सच्चे मन से स्वार्थरहित होकर लोक-कल्याण के लिए सशक्त कर

ले, तो वह हर स्थिति का सामना कर सकेगा और राक्षस-तत्व की पराजय को सुनिश्चित कर सकेगा।

श्रीकृष्ण आत्मज्ञानी थे, वे जानते थे कि वे स्वयं नारायण हैं। फिर भी उन्होंने दिव्य शक्तियों का प्रयोग कभी नहीं किया। उन्होंने सदैव बुद्धिचातुर्य और शारीरिक बल से ही संकटों पर विजय पाया। अपने आत्मस्वरूप को उन्होंने कुछ अवसरों पर प्रगट भी किया, जैसे यशोदा माँ को अपने मुख में चौदह भुवन का दर्शन कराना या गीता-प्रसंग में अर्जुन को विश्वरूप दर्शन आदि, लेकिन वे मानवता को उसके छिपे हुए दिव्यास्त्रों का ज्ञान मनुष्य बनकर ही कराना चाहते थे—मनुष्य संकल्प मात्र से जीवन को विपदाहीन कर सकता है। सत्य, अहिंसा, प्रेम, करुणा और समदृष्टि हमारे दिव्यास्त्र हैं—जहाँ सत्य है वहाँ लोभ नहीं, जहाँ अहिंसा है वहाँ क्रोध नहीं, जहाँ प्रेम है वहाँ काम नहीं, जहाँ करुणा है वहाँ घृणा नहीं, जहाँ समदृष्टि है वहाँ द्वेष नहीं—जब ये दुर्गुण सद्गुणों से नष्ट कर दिए जाते हैं तो जीवन सुखमय हो जाता है। श्रीकृष्ण ने मनुष्य बनकर मनुष्य धर्म निभाकर *स्वधर्मे निधनं श्रेय:* के उपदेश को सार्थक कर दिखाया।

श्रीकृष्ण प्रेम, सौन्दर्य और आनन्द का साकार रूप हैं। उनकी मूर्ति बनाकर प्रतिदिन आरती, पूजा करने के अतिरिक्त यदि उनके अद्भुत जीवन चरित में निहित सच्चे सन्देश को अपने जीवन में उतारने का प्रयास करें तो जीवन सफल होगा, इसमें कोई सन्देह नहीं।

भारतीय ज्ञानपीठ जैसे महत्वपूर्ण प्रकाशन-गृह ने श्रीकृष्ण को अपनी प्रेरणादायक शृंखला में जोड़कर युवा पीढ़ी को एक बड़ा सांस्कृतिक सन्देश दिया है। लेखक श्याम सुशील ने युवा मानस को ध्यान में रखते हुए श्रीकृष्ण सम्बन्धी विविध प्रसंगों को संक्षेप में, सारपूर्ण ढंग से सरल भाषा में लिखा है। मुझे पूर्ण विश्वास है कि यह प्रयास अपने उद्देश्य में सफल होगा।

।। कृष्णं वन्दे जगत्गुरुम् ।।

—कमलिनी दत्त

कृष्ण

यदा यदा हि धर्मस्य ग्लानिर्भवति भारत।
अभ्युत्थानमधर्मस्य तदात्मानं सृजाम्यहम्॥
परित्राणाय साधूनां विनाशाय च दुष्कृताम्।
धर्मसंस्थापनार्थाय सम्भवामि युगे युगे॥

(श्रीमद्भगवद्गीता 4/7-8)

हर युग में जब आसुरी शक्तियाँ बढ़ने लगती हैं, अन्याय, अधर्म और अनीति का बोलबाला होने लगता है तो दुष्टजनों के संहार और मानव-मूल्यों की रक्षा के लिए हमारे बीच से ही कुछ ऐसे कर्मवीर नायक उभरकर सामने आते हैं जिनके प्रयासों से धरती पर पुनः सुख-शान्ति का साम्राज्य स्थापित होता है। त्रेता युग में जिस तरह से

मर्यादा पुरुषोत्तम श्रीराम ने रावण जैसे राक्षसों का अन्त करके रामराज्य की स्थापना की थी, कुछ वैसा ही समाज को व्यवस्थित करने का काम लीलापुरुष श्रीकृष्ण ने अपने समय में किया। कृष्ण एकमात्र ऐसे युग पुरुष हैं जिन्होंने काम, क्रोध, लोभ, मोह से मुक्त होकर सुखमय जीवन जीने के लिए प्रेम और कर्म का मार्ग ही नहीं बताया, बल्कि स्वयं उसको जीकर दिखाया। ऐसे ही युग-पुरुषों को परमेश्वर की सर्वोच्च पदवी दी गयी है। जो पूर्णता को प्राप्त हो जाता है, उसे हम परमेश्वर कहते हैं। कृष्ण को विष्णु का अवतार कहा जाता है। विष्णु यानी पालनकर्ता। रक्षक। पृथ्वी के भरण-पोषण और सुरक्षा का दायित्व उठाने वाला। कर्मयोगी श्रीकृष्ण जन-मन में इस तरह से रस-बस गये हैं कि वे रक्षक भी लगते हैं, परमेश्वर भी और मनुष्य भी।

कृष्ण ने अनेक असुरों और आसुरी प्रवृत्तियों से पृथ्वी को, प्रकृति को और मानव-जीवन को बचाया। उन्होंने अपने समय के अनुसार धर्म को एक नई परिभाषा दी। मनुष्य के स्वभाव और कर्तव्य से धर्म को जोड़ते हुए उन्होंने बताया कि परिवार, समाज, देश, धरती और मनुष्य मात्र के प्रति लोक कल्याण की भावना से कर्म करना ही धर्म है। हर देश, काल, वातावरण को देखते हुए मनुष्य को अपने धर्म का पालन करना चाहिए। *गीता* में वे कहते हैं—'अपने धर्म को पहचानो और उसका निर्वाह करते हुए यदि मृत्यु भी आ जाए तो वही श्रेयस्कर है।' कर्मयोगी होने के साथ-साथ कृष्ण एक बहुत बड़े राजनीतिज्ञ और शान्तिदूत भी थे। महाभारत युद्ध से पूर्व उन्होंने कौरव-पांडव के बीच सन्धि कराने की बहुत कोशिश की। वे युद्ध कभी नहीं चाहते थे। लेकिन दुर्योधन ने पांडवों को उनके हिस्से का राज्य देने से साफ मना कर दिया। कृष्ण न्याय को अन्याय के द्वारा

हारते हुए नहीं देख सकते थे। महाभारत के युद्ध को उन्होंने धर्मयुद्ध कहा और अपने प्रिय सखा अर्जुन को मोह-मुक्त होकर न्याय के लिए लड़ने को प्रेरित किया। कृष्ण की *गीता* हमें स्वधर्म पालन करने की प्रेरणा देती है। अनासक्ति-भाव से जीवन जीने का जैसा विधान उन्होंने *श्रीमद्भगवद्गीता* में बताया है, उससे पहले कहीं और नहीं मिलता।

समरसता के प्रतीक श्रीकृष्ण का सम्पूर्ण जीवन विचित्रताओं से भरा हुआ है। उनका जन्म कारावास में हुआ। राजा के बेटे होते हुए भी वे ग्वाल-बालों के बीच पले-बढ़े। माखन उन्हें प्रिय था इसलिए कभी-कभी चुराकर भी खाते थे, दोस्तों को भी खिलाते थे। कोई उन्हें कान्हा कहता, कोई माखन चोर, कोई गोपाल, कोई मोहन, कोई केशव, कोई कृष्ण। वे निडर थे, बलशाली थे और दृढ़ थे—हर विपदा से पूरे वृन्दावन और पूरी पृथ्वी को बचाने के लिए संकल्पबद्ध थे। बचपन में ही उन्होंने पूतना जैसी क्रूर राक्षसी, बकासुर और अघासुर जैसे अनेक शत्रुओं का वध किया। यमुना को कालियनाग के विष से मुक्त कराया। वे प्रकृति के पुजारी थे। उन्होंने गोवर्धन की पूजा शुरू कराके इन्द्र के घमंड को चूर-चूर किया। अत्याचारी कंस का अन्त करके गोकुल-मथुरावासियों को एक नया जीवन दिया।

मोर मुकुट धारण करने वाले कृष्ण की अनुपम छवि आज भी हमारे मन में रची-बसी है। वे अपनी बाँसुरी की मधुर धुन से सबको मोहित कर लेते हैं। गोपियों के साथ नृत्य करते हैं। वे प्रेम के प्रतीक हैं—प्रेम चाहे माता-पिता के प्रति हो, मित्रों के प्रति हो या स्त्रियों के प्रति। वे स्त्री का सम्मान करते हैं। द्रोपदी की लाज बचाते हैं। सुदामा से मित्रता निभाते हैं। दुर्योधन के छप्पन भोगों को छोड़कर विदुर के घर साग खाते हैं। अर्जुन और उद्धव को प्रेम, कर्म और आत्मज्ञान का

उपदेश देते हैं। वे कौरव, पांडव, द्रुपद जैसे राजाओं के बीच उठते-बैठते हैं, लेकिन आम जनता के सुख-दुख से भी जुड़े रहते हैं। शायद इसीलिए सदियों से चाहे अमीर हो या गरीब—हर जाति-धर्म के लोग कृष्ण से अपने को जोड़ते आये हैं। कृष्ण-भक्ति ने समाज को जोड़ने और भेदभाव को खत्म करने का भी काम किया है।

कृष्ण का अर्थ है—काला, जो हर रंग को आकर्षित कर लेता है। नीलम भी कृष्ण हैं। इसलिए कृष्ण को हम नीलमेघ श्याम या घनश्याम भी बोलते हैं। ऐसा गहरा नीला रंग जो आकर्षित करता है। पूरा ब्रह्मांड काला है—एक विशालता का प्रतीक। प्रकाश एक सीमित स्थान को ही प्रकाशित करता है, लेकिन अन्धकार प्रकाश का कारण बनता है। प्रकाश का महत्व अन्धकार में है। अन्धकार में आकर्षण है। कृष्ण में भी आकर्षण है—सबको मोह लेने वाला—मनमोहन कृष्ण। आज भी वह आकर्षित करते हैं। वे जनमानस में इस कदर व्याप्त हैं कि हर माँ अपने बच्चे को कृष्ण जैसा मानकर पालने में झूला झुलाती है। हर किशोरी मोहन की तरह अपना प्रेमी पाना चाहती है। उनका नायकत्व तो इसी बात से स्पष्ट है कि उनके व्यक्तित्व, उनके सौन्दर्य पर विभिन्न भाषाओं में विपुल साहित्य लिखा गया है, लिखा जा रहा है और लिखा जाता रहेगा। महाकवि सूर, मीरा, रसखान, सुन्दरदास, अष्टछाप-कवि, अलवार भक्त-कवि, पुरन्दरदास, केशव, बिहारी, विद्यापति, अमीर खुसरो, वाजिदअली शाह से लेकर आधुनिक कवि रवीन्द्रनाथ टैगोर, सुब्रह्मण्य भारती, जगन्नाथदास रत्नाकर, नजीर अकबराबादी, हरिऔध, दिनकर, धर्मवीर भारती, रमाकान्त रथ, सीताकान्त महापात्र आदि सैकड़ों कवियों और लेखकों ने अपने-अपने ढंग से कृष्ण के जीवन के विभिन्न पहलुओं को काव्य का विषय बनाया है। आधुनिक गद्य साहित्य में

भी उनपर अनेक महत्वपूर्ण कृतियाँ लिखी गयी हैं। केवल साहित्य में ही नहीं, भारतीय कलाओं—नृत्य, संगीत, चित्रकला आदि में भी उनकी व्यापकता देखी जा सकती है। कृष्ण एक ऐसे लोकनायक हैं जिनसे हम प्रेम, शान्ति, सद्‌भाव के साथ कर्ममय जीवन जीने की कला सीख सकते हैं।

कृष्ण का जन्म

जिस समय में कृष्ण का जन्म हुआ, वह एक युग परिवर्तन का समय था। द्वापर जा रहा था, कलयुग धीरे-धीरे आ रहा था। छोटी-छोटी चीजों के लिए लोग क्रोधित हो जाते थे। दम्भ से भर जाते थे। पृथ्वी पर दुष्टों के अत्याचार दिन-पर-दिन बढ़ते जा रहे थे। राजा जो प्रजा का रक्षक होता है, प्रजा पर तरह-तरह के कर लगाकर उसे पीड़ित करता था। राजा के चाटुकार सेनापति क्रूर और निरंकुश हो चुके थे। आसुरी और राक्षसी प्रवृत्तियाँ समाज में फल-फूल रही थीं। वह एक

ऐसा भयावह समय था, जब दुर्जनों का प्रभुत्व बढ़ता जा रहा था और सज्जनों का जीना दूभर होता जा रहा था।

उस समय मथुरा यदुवंशी नरपतियों की राजधानी थी। भोजवंशी राजा उग्रसेन और देवक दो भाई थे। उग्रसेन के बेटे कंस ने मथुरा में आतंक फैला रखा था। उसके अत्याचारों से प्रजा बहुत दुखी थी। देवक की पुत्री थी देवकी। कंस अपनी चचेरी बहन देवकी से बहुत प्यार करता था। जब देवकी का विवाह राजा शूरसेन के पुत्र वसुदेव के साथ सम्पन्न हुआ तो कंस बहुत प्रसन्न था। वह खुशी-खुशी स्वयं रथ हाँकता हुआ अपनी चचेरी बहन और वसुदेव को उनके घर छोड़ने ले जा रहा था। तभी रास्ते में उसे आकाशवाणी सुनाई दी- 'अरे मूर्ख कंस, जिस बहन को तू रथ में बिठाकर पहुँचाने जा रहा है, उसी के आठवें पुत्र के हाथों तेरी मौत होगी।'

अत्याचारी को अपनी मौत का भय सबसे अधिक सताता है। और जब मौत का भय हो तो उसके आगे वह किसी भी रिश्ते को अहमियत नहीं देता—वह रिश्ता चाहे भाई-बहन का ही क्यों न हो। आकाशवाणी सुनते ही दुष्ट कंस ने तलवार निकाल ली और बहन के बाल खींचते हुए उसे उसी क्षण जान से मारने को तैयार हो गया। तभी देवकी के पति वसुदेव हाथ जोड़कर कंस के सामने खड़े हो गये और बोले—'कंस, अपनी प्यारी बहन को मारने का पाप अपने सर पर क्यों लेते हो? आपको देवकी से नहीं, उसके पुत्र से ही भय है न? मैं वचन देता हूँ कि अपनी सभी सन्तानें पैदा होते ही तुम्हें सौंप दूँगा। उनकी जिन्दगी और मौत तुम्हारे हाथों में होगी, तुम जो चाहे सो करना।' वसुदेव के बहुत समझाने पर कंस ने उनकी बात मान तो ली, लेकिन दोनों को मथुरा की जेल में डाल दिया और ऊपर से कड़ा पहरा बैठा दिया। वसुदेव की एक और पत्नी थी, जिसका नाम

बहुत देर के बाद जब उसे होश आया तो कंस ने पूछा, 'तुम्हारी यह हालत किसने की?' काकासुर ने काँपते हुए कहा—'महाराज, जिस बालक को मारने के लिए आपने मुझे भेजा था, वह कोई साधारण बालक नहीं है, उसी ने मेरी गर्दन मरोड़कर यहाँ फेंक दिया। वह तो कोई अवतार लगता है राजन!' पूतना की मौत और काकासुर के साथ घटी इस घटना के बाद कंस अपनी मृत्यु के बारे में सोचकर और अधिक भयभीत हो गया।

तृणावर्त का संहार : कृष्ण धीरे-धीरे बड़े हो रहे थे। उनके बाल-लीला सौन्दर्य को देखते हुए ब्रजवासी थकते न थे। तभी एक बार फिर कंस ने कृष्ण को मारने के लिए तृणावर्त नाम के एक राक्षस को गोकुल भेजा। उस समय यशोदा कृष्ण को गोद में लेकर बैठी हुई थीं। हवा के झोंके के रूप में तृणावर्त अपना मायाजाल फैलाने लगा। कृष्ण के शरीर का भार इतना अधिक बढ़ गया कि यशोदा घबराकर रोने लगीं और कृष्ण को गोदी से उतारकर नन्द बाबा को बुलाने घर के अन्दर चली गयीं। कृष्ण को अकेला पाकर तृणावर्त ने भयंकर बवंडर का रूप धारण किया, पूरे गोकुल को धूल से ढक दिया और कृष्ण को अपने कन्धे पर बैठाकर आकाश में उड़ गया। जोर की आँधी और धूल की वर्षा में अपने कान्हा को न पाकर यशोदा रोने लगीं। दूसरी गोपियाँ और ग्वाल-बाल भी कान्हा की खोज में इधर-उधर दौड़-भाग करने लगे। उधर कृष्ण ने अपने शरीर का भार इतना ज्यादा बढ़ा लिया कि तृणावर्त उनके बोझ को सँभाल नहीं सका और अधिक दूर तक नहीं जा सका। कृष्ण के भारी बोझ के नीचे दबता हुआ वह धरती पर आ गिरा और जब तक वह मर नहीं गया तब तक कृष्ण अपना भार बढ़ाते रहे। मरे हुए तृणावर्त राक्षस के विशाल शरीर

को देखकर सभी गोकुल निवासी दंग रह गये। कृष्ण को सकुशल पाकर यशोदा-नन्द के साथ-साथ गोपियाँ और ग्वाल-बाल खुशी से झूम उठे।

नामकरण : कंस को वसुदेव के पुत्र कृष्ण के बारे में कहीं पता न चल जाए, इस भय से कृष्ण का नामकरण-संस्कार थोड़ा बाद में और गुप्त रूप से किया गया। वसुदेव की प्रेरणा से यदुवंशियों के कुल पुरोहित तपस्वी गर्गाचार्य ने नन्द बाबा के घर पहुँचकर उनके दोनों धर्मपुत्रों का नामकरण किया। उन्होंने रोहणी के गर्भ से पैदा होने वाले पुत्र को 'बलराम' नाम दिया और कहा—'यह बालक अद्वितीय बलशाली होगा।' देवकी का पुत्र जो यशोदा के पास पल-बढ़ रहा था, वह साँवला था व कृष्णपक्ष में पैदा हुआ था इसलिए उन्होंने उसका नाम 'कृष्ण' रखा और नन्द-यशोदा से कहा—'यह तुम्हारा पुत्र कृष्ण, वसुदेव के घर में पैदा हुआ है, इसलिए इस रहस्य को जाननेवाले इसे वासुदेव भी कहेंगे। यह बालक दीन-दुखियों का कल्याण करेगा। तुम सब बहुत सावधानी से इसकी रक्षा करना।' गर्गाचार्य की बातों से नन्द बाबा बड़े प्रसन्न हुए और उन्होंने अपने को धन्य समझा।

नटखट कृष्ण

मैया मेरी, चन्द्र खिलौना लैहों : नन्द बाबा और यशोदा बड़े स्नेह से कृष्ण-बलराम का पालन-पोषण करने लगे। कृष्ण जितना चंचल और नटखट थे, बलराम उतने ही शान्त और गम्भीर स्वभाव के थे। कृष्ण जैसे-जैसे बड़े हो रहे थे उनकी शरारतें बढ़ती जा रही थीं। नन्द-यशोदा के लाड़-प्यार ने उन्हें हठी भी बना दिया था। जिस बात

की वे हठ कर लेते उसे पूरी करके ही मानते थे। एक दिन खेलते-खेलते अचानक उनकी नजर चन्द्रमा पर पड़ गयी। उसे पाने की जिद करने लगे। चन्द्रमा की ओर अँगुली दिखाकर माता यशोदा से बोले, 'मैया, मुझे तो वही चन्द्र खिलौना चाहिए।' अब माँ परेशान, बहुत समझाने पर भी नहीं माने। दूध, दही, मक्खन, मिसरी का लालच दिया। ये भी कहा कि चन्दा से भी सुन्दर मैं तेरे लिए दुल्हन लाऊँगी, अब तो मान जा। कृष्ण बोले—'मैया, मेरी भी तो सुन, मुझे अभी शादी-वादी नहीं करनी है। मैं तो वही चन्द्र खिलौना लूँगा!' कान्हा के हठ के आगे माँ की एक न चली। अन्त में हारकर उन्होंने एक बड़े से थाल में साफ पानी भरकर रख दिया और उस थाल में चन्द्रमा की छाया को दिखाकर बोलीं, 'लो कान्हा, अपना चन्द्र खिलौना ले लो।' कान्हा खुश होकर चाँद को पकड़ने की कोशिश करते तो पानी के हिलने से चाँद गायब हो जाता। वह दुखी होकर रोने लगते। तभी पानी में हिलता हुआ चाँद फिर दिखाई पड़ने लगता तो खुश हो जाते।

इस तरह यशोदा माँ अपने कान्हा को बहलाया करतीं। महाकवि सूरदास के पद 'मैया मेरी, चन्द्र खिलौना लैहों' में माँ और बालक के बीच का वात्सल्य भाव बड़े ही सजीव ढंग से उभर कर सामने आया है।

मैया मोरी मैं नहिं माखन खायो : कृष्ण को माखन बहुत प्रिय था। जिन ग्वाल-बालों के साथ वे खेलते थे उनके घर भी जाकर मक्खन खा आते थे। गोपियाँ नन्हे कृष्ण की बाल सुलभ क्रियाएँ देखकर आनन्दित होती थीं। माखन का लालच देकर वे कृष्ण से तरह-तरह के करतब करवातीं। कभी ठुमक-ठुमक कर चलने के लिए कहतीं तो कभी ता-ता-थैया कहकर नाच नचातीं। कृष्ण भी कुछ काम नहीं थे, उन्हें भी यह सब करते हुए मजा आता था। लेकिन वादा करके गोपियाँ यदि उन्हें मक्खन खाने को नहीं देतीं तो वे चुराकर भी खा लेते थे। इस पर कई बार गोपियाँ यशोदा के पास शिकायत लेकर जातीं और कहतीं—'यशोदा मैया, तेरा कान्हा बड़ा नटखट हो गया है। हमारे घर का दूध, दही, माखन चुरा-चुराकर खा जाता है। खुद तो खाता ही है, अपने दोस्तों को भी खिलाता है।' कृष्ण बड़ी मासूमियत से कहते—'मैया, अपने घर में क्या दूध-दही की कमी है जो मैं इनके यहाँ चोरी करूँगा। आप इनकी बातों पर बिलकुल विश्वास मत करना।' यशोदा गोपियों की उलाहना और कृष्ण की सफाई को अच्छी तरह समझती थीं इसलिए मुस्कुराकर रह जातीं। इस प्रसंग को सूरदास ने अपने पद 'मैया मोरी मैं नहिं माखन खायो' में जितनी खूबसूरती से शब्दों में पिरोया है, उतनी ही तन्मयता के साथ पं. ओंकारनाथ ठाकुर, अनूप जलोटा आदि लोकप्रिय गायकों ने गाया है कि साक्षात् वह दृश्य आँखों के सामने आ जाता है।

मुँह में ब्रह्मांड : एक दिन बलराम और अन्य ग्वाल-बालों ने कृष्ण को मिट्टी खाते हुए देखा तो जाकर माता यशोदा को बता दिया। यशोदा मैया ने उस समय तो कुछ नहीं कहा, लेकिन वे कृष्ण पर नजर रखने लगीं। एक दिन उन्होंने कृष्ण को एकान्त में कुछ खाते हुए देखा तो पास जाकर डाँटते हुए पूछा—'क्यों रे कान्हा, बड़ा ढीठ हो गया है तू, छिपकर मिट्‌टी भी खाने लगा है!' कृष्ण ने कहा—'मैया, मैंने कोई मिट्टी नहीं खाई है। तुम्हें विश्वास नहीं हो रहा है तो लो मेरा मुँह देख लो।' कृष्ण ने माँ के सामने अपना मुँह खोल दिया। यशोदा ने उनके मुँह में आकाश, सूर्य, चन्द्र, अग्नि, वायु, समुद्र, द्वीप, पर्वत, नदी, सम्पूर्ण चराचर जगत, यहाँ तक कि गोकुल और गोकुल में अपने आपको भी देखा। यशोदा माता अपने कान्हा के मुख में समूचा ब्रह्मांड देखकर डर गयीं। एक क्षण के लिए उनको आत्मसाक्षात्कार हुआ और परम पुरुष के दर्शन भी हुए। तुरन्त ही उन्होंने सोचना शुरू किया कि यह कोई स्वप्न है या प्रभु की माया! कहीं मुझे कोई बुद्धि-भ्रम तो नहीं हो गया है? वे आश्चर्यचकित होकर कान्हा को देखने लगीं। तब धीरे से कान्हा मुस्कुराए। फिर कृष्ण का वही सौम्य रूप देखकर यशोदा अपने-आपे में आ गयीं और कान्हा को प्रेम से अपने आँचल में छिपा लिया।

ओखली में बँधे कान्हा : नटखट कृष्ण तरह-तरह की लीलाएँ करके यशोदा मैया को खुश करने की कोशिश करते थे। लेकिन अगर कभी मैया उनकी ओर ध्यान नहीं देतीं तो रूठ जाते या गुस्सा होकर उन्हें और अधिक परेशान करने लगते। एक दिन यशोदा मैया दही मथ रही थीं और कृष्ण उनकी गोद में बैठकर दूध पी रहे थे। तभी चूल्हे पर गर्म करने के लिए रखा दूध उबलने लगा। यशोदा

कृष्ण को गोदी से उतारकर रसोई में चली गयीं। कृष्ण को बहुत बुरा लगा और गुस्से में दही का मटका फोड़कर वहाँ से भाग गये। यशोदा लौटकर आईं तो दही का मटका फूटा हुआ और कान्हा को गायब पाया। बहुत खोजने पर उन्होंने देखा कि कान्हा छींके पर से मक्खन उतारकर बन्दरों को खिला रहे हैं। वे क्रोधित होकर पकड़ने के लिए दौड़ीं तो कान्हा पूरे घर में इधर से उधर भागने लगे। बड़ी मुश्किल से पकड़ में आये। यशोदा ने सजा देने के लिए उन्हें रस्सी से बाँधकर उसके दूसरे सिरे को एक ओखली में लपेट दिया। कृष्ण ने छोट-छोटे हाथों से ओखली को गिरा दिया। फिर उसे घसीटते हुए आँगन में आ गये। आँगन में खड़े दो अर्जुन के पेड़ों के बीच से वे तो निकल गये लेकिन ओखली अटक गयी। उन्होंने जैसे ही ओखली में बँधी रस्सी को जोर से खींचा तो दोनों पेड़ उखड़कर जमीन पर गिर पड़े। कहते

हैं वे दोनों पेड़ कुबेर के पुत्र थे, जो नारद द्वारा शापित थे। कृष्ण ने उन्हें शाप से मुक्ति दिलाई। इस घटना से सभी आश्चर्यचकित रह गये। कृष्ण पेड़ के नीचे दबने से बाल-बाल बच गये थे। गोकुलवासियों ने यशोदा से कहा—'तुम भाग्यवती हो, जो तुम्हारा बालक कृष्ण मौत के मुँह में जाकर सकुशल लौट आता है।'

गोकुल से वृन्दावन

गोकुल गाँव में आसुरी शक्तियों का प्रकोप दिन-पर-दिन बढ़ते जाने से नन्द बाबा को चिन्ता रहती थी कि न जाने कौन-सी विपत्ति कब आ जाए। बूढ़े गोपों ने मिलकर विचार किया कि हमें यह जगह छोड़ देनी चाहिए और गोवर्धन पर्वत के निकट वृन्दावन जैसे शान्त व हरे-भरे क्षेत्र में चलकर अपना निवास बनाना चाहिए। समस्त गोप-गोपिकाओं और ग्वाल-बालों के साथ नन्द बाबा का परिवार भी गोकुल छोड़कर वृन्दावन में आ गया।

यमुना का सुन्दर किनारा, गोवर्धन पर्वत और दूर-दूर तक फैली हुई वृन्दावन की हरियाली देखकर कृष्ण, बलराम और सभी ग्वाल-बाल बड़े खुश हुए। कृष्ण धीरे-धीरे शैशव अवस्था को पार कर रहे थे। वे अपने बाल सखाओं के साथ वृन्दावन की गलियों में घूमते, माथे पर मोर-पंख का मुकुट पहनकर बाँसुरी बजाते हुए गोवर्धन पर्वत और वनों में गाय-बछड़ों को चराने ले जाते, यमुना की रेती पर तरह-तरह के खेल खेलते। जब बलराम खेलते-खेलते थकक़र किसी ग्वाल-बाल की गोद के तकिये पर सिर रखकर लेट जाते, तब कृष्ण दाऊ के पैर दबाते और उनकी थकान दूर करते। दोनों भाई अपने शरीर को मजबूत करने के लिए खूब व्यायाम करते और कुश्ती भी लड़ते। जब ग्वाल-बाल नाचने-गाने लगते या ताल

ठोंक-ठोंककर एक-दूसरे से कुश्ती लड़ने लगते तब कृष्ण-बलराम हाथ में हाथ डालकर खड़े हो जाते और हँस-हँसकर वाह-वाह करते। उन लोगों का पूरा दिन कब बीत जाता, उन्हें पता ही नहीं चलता था।

वत्सासुर का वध : कृष्ण को पशुओं से बहुत प्रेम था। गाय-बछड़े तो सर्वाधिक प्रिय थे। वे उन्हें चराने ले जाते, नहलाते-धुलाते और उनकी खूब सेवा करते थे। उनके इस निराले प्रेम को देखकर लोग उन्हें गोपाल भी कहते। सभी गायों-बछड़ों को वे अच्छी तरह पहचानते थे। रोज की तरह ग्वाल-बालों के साथ कृष्ण-बलराम जंगल में गायें चराते हुए खेल रहे थे। तभी एक असुर, जिसका नाम 'वत्सासुर' था, जिसे कंस ने कृष्ण-बलराम को मारने के लिए भेजा था, एक सुन्दर बछड़े का रूप धारण करके उनकी गायों के बीच में आ मिला। झुंड में एक नए बछड़े को देखकर कृष्ण समझ गये कि कुछ गड़बड़ है। उन्होंने इशारे से बलराम को बता दिया कि इस नए बछड़े पर वे नजर रखें। कृष्ण चुपचाप पीछे से जैसे ही वत्सासुर के पास पहुँचे, उसने अपने पिछले दोनों पैरों से उनपर जानलेवा हमला कर दिया, लेकिन तभी कृष्ण ने उसके पैरों को पकड़कर ऊपर उठा लिया और हवा में घुमाते हुए जमीन पर पटककर मार डाला। मरते समय वत्सासुर ने अपना असली रूप प्रकट कर दिया था, जिसे देखकर सभी आश्चर्यचकित रह गये।

बकासुर और अघासुर का अन्त : कृष्ण की जीवन-लीला समाप्त करने के लिए कंस बार-बार दानवी शक्तियों का सहारा लेता, लेकिन हर बार विफल हो जाने पर और ज्यादा क्रोध से भर जाता। इस बार उसने बकासुर नामक राक्षस को, जो पूतना का भाई था,

कृष्ण को मारने के लिए भेजा। कृष्ण यमुना के किनारे अपनी गायों के साथ घूम रहे थे। बकासुर एक बगुले का वेश बनाकर कृष्ण की ओर अपनी विशाल एवं तीक्ष्ण चोंच से प्रहार करने के लिए झपटा। कृष्ण ने बड़ी फुर्ती से बगुले की चोंच को पकड़कर इस तरह से चीरा कि बकासुर के प्राण-पखेरू उड़ गये।

बकासुर की मौत की खबर सुनकर उसके छोटे भाई अघासुर ने कृष्ण को जान से मारने का संकल्प किया और सीधे उस जगह पहुँच गया जहाँ कृष्ण-बलराम अपने ग्वाल-सखाओं के साथ खेल रहे थे। वह एक विशाल अजगर का रूप धारण करके अपना पूरा मुँह खोलकर रास्ते में लेट गया। ग्वाल-बालों ने देखा तो उन्हें लगा जैसे वह कोई गुफा हो और वे सभी उसके मुँह में घुसते चले गये। कृष्ण अजगर के रहस्य को समझ गये और उन्होंने अपने साथियों को रोकना चाहा, लेकिन किसी ने कृष्ण की आवाज ही नहीं सुनी। अपने साथियों को बचाने के लिए कृष्ण भी अजगर के मुँह में घुस गये और अपने शरीर को उन्होंने इतना अधिक फुला लिया कि अजगर का दम घुट गया और उसकी मौत हो गयी। अजगर की मौत के बाद कृष्ण अपने साथियों के साथ सुरक्षित बाहर आ गये।

धेनुकासुर का वध : कृष्ण के सखा श्रीदामा ने एक दिन उन्हें बताया कि जहाँ वे लोग गाय चराने जाते हैं वहाँ से थोड़ी ही दूर पर एक बहुत बड़ा ताड़ का वन है, जिसमें खूब मीठे-मीठे ताड़ के फल गिरते रहते हैं। लेकिन धेनुकासुर नामक एक राक्षस के भय से मनुष्य तो क्या पशु-पक्षी तक उधर नहीं जाते। कृष्ण ने बलराम की ओर देखते हुए कहा—'दाऊ, दुष्ट राक्षस को सबक सिखाना चाहिए। एक बार हम लोगों को जरूर उस वन में चलना चाहिए!' बलराम बोले, 'अच्छे

काम में देर किस बात की। आज ही चलते हैं।' और कृष्ण-बलराम अपने साथियों के साथ तालवन की ओर चल दिए। तालवन में पहुँचकर बलराम ने फलों से लदे पेड़ों को हिला-हिलाकर बहुत से फल नीचे गिरा दिए। धरती पर फलों के गिरने की आवाज सुनकर धेनुकासुर एक सांड के आकार के गधे के रूप में पेड़ों की झुरमुट से बाहर निकला और बलराम की ओर दौड़ा। कृष्ण और बलराम का धेनुकासुर के साथ भयंकर युद्ध हुआ। उसकी पिछली टाँगें पकड़कर उन्होंने उसे हवा में घुमाते हुए एक ताड़ के पेड़ पर दे मारा। घुमाते समय ही उस गधे के प्राण शरीर से निकल चुके थे। धेनुकासुर के अन्त के बाद लोग निर्भय होकर तालवन में आने-जाने लगे और उस वन के मीठे फल सभी के लिए सुलभ हो गये।

कालिय नाग से मुक्ति : वृन्दावन के पास बहने वाली यमुना नदी में एक विशाल कालिय नाग रहता था। उसने अपने विष से यमुना के पानी को विषैला बना दिया था। जब कृष्ण को कालिय नाग के बारे में पता चला तो वे मन ही मन उससे मुक्ति का उपाय सोचने लगे। अक्सर कृष्ण-बलराम अपने मित्रों के साथ यमुना के किनारे खेला करते थे। एक दिन वे गेंद खेल रहे थे तो खेलते-खेलते उनकी गेंद यमुना नदी में जा गिरी। कालिय नाग को सबक सिखाने की इच्छा से कृष्ण गेंद लाने के बहाने नदी में कूद गये। उनके मित्रों ने उन्हें बहुत मना किया लेकिन वे कहाँ मानने वाले थे। उस दिन खेल में बलराम भी साथ नहीं थे, इसलिए कुछ बच्चे घबराकर बलराम को बताने के लिए घर की ओर भागे। जैसे ही बलराम को सूचना मिली वे माता यशोदा और अन्य लोगों के साथ घटनास्थल पर पहुँच गये।

कृष्ण जब यमुना नदी में बहुत नीचे तक चले गये तो कालिय

नाग गुस्से में फुँफकारते हुए उन्हें अपनी लपेट में लेकर कुंडली कसने लगा। कृष्ण ने अपने शरीर को फुलाना शुरू कर दिया और इतना फुलाया कि कालिय नाग की सारी हड्डियाँ चटककर टूट गयीं और उसकी कुंडली खुल गयी। कृष्ण कालिय नाग को पराजित करके उसके फनों पर खड़े होकर बाँसुरी बजाते और नृत्य करते हुए पानी से ऊपर आ गये। कृष्ण को सकुशल देखकर यशोदा सहित सभी वृन्दावनवासियों की जान में जान आई। कृष्ण ने कालिय नाग से कहा—'सर्पराज, अब तुम्हारा यहाँ रहना ठीक नहीं। तुम अपने पूरे परिवार को लेकर यहाँ से दूर समुद्र में चले जाओ। अब यमुना का यह जल जीवमात्र के उपयोग करने के लिए होगा।' उनकी बात मानकर कालिय नाग वहाँ से चला गया। इस तरह कृष्ण ने यमुना के जल को प्रदूषण-मुक्त कराके सभी के लिए उपयोगी बना दिया।

गोवर्धन-पूजा : वर्षा करने वाले मेघों के स्वामी इन्द्र को अपने पद का बहुत घमंड हो गया था। वे अपने आपको त्रिलोक का ईश्वर समझने लगे थे। अपना भय दिखाकर वह लोगों से अपनी पूजा करवाते और यज्ञ-हवन द्वारा बहुत-सी सामग्री प्राप्त करते थे। प्रकृति-प्रेमी कृष्ण ने इन्द्र-यज्ञ की इस परम्परा का विरोध करते हुए नन्द बाबा से कहा—'प्राणी अपने कर्म के अनुसार सुख-दुख प्राप्त करता है। कर्म ही गुरु है और कर्म ही ईश्वर। जब सभी प्राणी अपने कर्म का ही फल भोग रहे हैं, तब इन्द्र-पूजा की क्या आवश्यकता है? क्या इन्द्र देवता की पूजा के फल से उसके कर्म बदल जाते हैं? इन्द्र की पूजा करने के बजाय हम सब वनवासी, जो सदा से गोपालन ही करते आये हैं, क्यों न अपनी गायों, अपने पहाड़ों और वनों की पूजा करें। क्यों न हम अपने गिरिराज गोवर्धन की पूजा करें, जो हमारे पशुओं के खाने के लिए घास और हम सबके लिए तरह-तरह के वृक्ष और फल उपलब्ध कराता है।' नन्द बाबा और अन्य गोपों को कृष्ण की बात युक्तिसंगत लगी। उन्होंने इन्द्र की पूजा बन्द करके गोवर्धन की पूजा शुरू कर दी।

जब इन्द्र को मालूम हुआ कि उनकी पूजा बन्द कर दी गयी है तो क्रोधित होकर उन्होंने अपने प्रलयंकारी मेघों को मूसलाधार बरसने का आदेश दे दिया। वर्षा का विकराल रूप देखकर कृष्ण समझ गये कि इन्द्र की दुर्बुद्धि का ही यह काम है। लगातार वर्षा से चारों ओर पानी ही पानी भरने लगा तो कृष्ण ने व्रजवासियों की रक्षा के लिए गोवर्धन पर्वत को अपने बाएँ हाथ की छोटी अँगुली पर धारण कर लिया और सभी को उसके नीचे संरक्षण देकर इन्द्र के कोप से बचाया। सात दिनों तक भारी वर्षा होती रही और सभी गोवर्धन के छत्र के नीचे वहाँ के कन्द-फल खाकर सुरक्षित रहे। मेघों

मनोरथ पूर्ण हो गया और वे कृष्ण को छोड़कर न जाना चाहते हुए भी लौटने को मजबूर हो जातीं।

अरिष्टासुर और केशी का वध : कंस को जब भी वृन्दावन से कृष्ण-बलराम के पराक्रम की कोई नई खबर मिलती वो वह और अधिक भयभीत हो उठता। कृष्ण को मारने के लिए उसके द्वारा भेजे गये अनेक राक्षसों का संहार हो चुका था। लेकिन कंस अभी भी अपनी चालों और अत्याचारी प्रवत्तियों से बाज नहीं आ रहा था। इस बार उसने अरिष्टासुर नाम के राक्षस को कृष्ण की हत्या के लिए भेजा। अरिष्टासुर पागल साँड़ का रूप बनाकर वृन्दावन में उत्पात मचाने लगा तो कृष्ण ने पहले उसकी गर्दन मरोड़ी और उठाकर धरती पर इतनी जोर से पटका कि उसकी जान निकल गयी। इसी तरह से कृष्ण ने केशी नामक एक राक्षस का भी वध किया, जो उन्हें मारने के लिए घोड़े का रूप धारण करके आया था। केशी का वध करने के कारण उनका एक और नाम 'केशव' भी पड़ा।

कृष्ण-बलराम मथुरा में : कृष्ण कंस के लिए सबसे बड़ी चुनौती बन गये थे। कंस उन्हें किसी भी तरह छल के द्वारा मथुरा में बुलाकर मार देना चाहता था। उसने धनुष पूजा के बहाने नन्द बाबा और ग्वालों को निमन्त्रण देने के लिए अपने मन्त्री अक्रूर को वृन्दावन भेजा। कंस को पता नहीं था कि अक्रूर कृष्ण के परम भक्त हैं। नन्द बाबा कृष्ण को मथुरा भेजने के लिए तैयार नहीं थे, लेकिन कृष्ण के बहुत हठ करने और अक्रूर के कहने पर उन्होंने जाने की आज्ञा दे दी। बलराम और कृष्ण को अपने साथ लेकर अक्रूर मथुरा के लिए रवाना हुए तो पीछे-पीछे ग्वाल-बाल भी चल पड़े। अक्रूर ने रास्ते में कृष्ण

को कंस की छल-योजना के बारे में सबकुछ बता दिया। उन्होंने वसुदेव और देवकी पर हुए अत्याचारों से दोनों भाइयों को अवगत कराया और दुष्ट कंस से सजग रहने की सलाह भी दी।

कृष्ण-बलराम मथुरा में पहुँचकर अपने ग्वाल-बाल सखाओं के साथ भव्य मथुरा नगरी देखते हुए जब आगे बढ़े तो नगरवासी बच्चे, बूढ़े, औरतें, युवक सभी उन्हें देखने के लिए रास्तों पर निकल आये। मथुरा की युवतियाँ कृष्ण की एक झलक पाने के लिए सब काम छोड़कर अटारियों पर चढ़ गईं। कृष्ण-बलराम भी अपनी मोहक मन्द-मन्द मुस्कान और मस्ती भरी चाल से सभी के दिलों पर छा गये। इन दोनों भाइयों के अद्‌भुत कारनामों के बारे में लोग पहले से ही जानते थे। तभी एक धोबी राजसी वस्त्रों का गट्‌ठर लेकर राजमहल की ओर जा रहा था। नटखट कृष्ण ने वह गट्‌ठर धोबी से छीन लिया और राजसी वस्त्रों को लोगों में बाँट दिया। राजमहल के माली ने जब कृष्ण-बलराम को आते देखा तो आगे बढ़कर उसने फूलों की सुन्दर मालाओं से उनका स्वागत किया। एक स्त्री, जिसका कूबड़ निकला हुआ था, वह हाथ में चन्दन का पात्र लेकर राजमहल की ओर जा रही थी। कृष्ण ने उसे रोककर कहा—'तुम्हारे पास जो चन्दन है, उसकी खुशबू हमें बहुत अच्छी लग रही है। क्या थोड़ा-सा चन्दन हमें दे सकती हो?' उस स्त्री ने खुश होकर कृष्ण के माथे पर चन्दन का टीका लगा दिया। कृष्ण के स्पर्श से स्त्री का कुबड़ापन ठीक हो गया और पूरे मथुरा में इस चमत्कार की चर्चा होने लगी।

कुवलयापीड का वध और मल्लयुद्ध : मथुरा नगरी में घूमते-टहलते हुए कृष्ण-बलराम और अन्य ग्वाल-बाल उस रंगशाला में पहुँचे जहाँ धनुष-पूजा का आयोजन किया गया था। वहाँ एक धनुष

रखा हुआ था जिसकी रोज पूजा होती थी। कंस के बहुत से रक्षक धनुष-रक्षा के लिए खड़े थे। रक्षकों ने कृष्ण को उस अद्भुत धनुष को हाथ लगाने से मना किया। कृष्ण ने रक्षकों की परवाह न करते हुए धनुष उठा लिया और इतनी जोर से डोर खींची कि धनुष टूट गया। धनुष टूटते ही कंस के सैनिक उन्हें पकड़ने के लिए दौड़े, लेकिन कृष्ण-बलराम ने सभी सैनिकों को मारकर भगा दिया।

कंस ने छल से मारने के लिए कृष्ण-बलराम को दंगल महोत्सव में मल्लयुद्ध देखने का निमन्त्रण दिया और रंगभूमि के द्वार पर कुवलयापीड नाम का एक हाथी बँधवा दिया। हाथी को खूब मदिरा पिलाई गयी थी, जिससे वह आक्रामक होकर दोनों भाइयों को अपने पैरों से कुचल दे। दंगल देखने के लिए लोगों का हुजूम उमड़ आया था। एक ऊचे मंच पर कंस भी विराजमान था। कृष्ण-बलराम जैसे ही रंगमंच के द्वार पर पहुँचे, महावत ने हाथी को खुला छोड़ दिया। हाथी तेजी से उनकी ओर लपका और अपनी सूँड़ में उन्हें लपेटने की कोशिश करने लगा। कृष्ण ने पीछे से उसकी पूँछ पकड़कर उसे दूर फेंक दिया। हाथी फिर चिंघाड़ता हुआ कृष्ण की ओर दौड़ा तो उन्होंने उसका सूँड़ पकड़कर उठा लिया और घुमाते हुए जमीन पर पटकर उसके दोनों दाँत उखाड़ लिये। उन्हीं दाँतों से मार-मारकर कृष्ण ने हाथी को मृत्युलोक पहुँचा दिया।

कुवलयापीड का वध करने के बाद हाथी का एक-एक दाँत हाथों में लिये हुए कृष्ण और बलराम ने रंगभूमि में प्रवेश किया। उनके शौर्य को देखकर मथुरावासी आश्चर्यचकित थे, लेकिन कंस बुरी तरह क्रोधित हो उठा था। तभी पहलवानों में से एक चाणूर ने कृष्ण-बलराम को ललकारते हुए कहा—'तुम दोनों बहुत बलवान हो! हमारे महाराज कंस ने कुश्ती में तुम्हारी निपुणता को सुनकर

तुम्हारी मल्लविद्या देखने के लिए ही तुम्हें यहाँ बुलाया है।' कृष्ण ने मुस्कराते हुए कहा—'हम तो बालक हैं। अपनी उम्र के बालकों से ही हम कुश्ती लड़ सकेंगे !' चाणूर ने कहा—'कुवलयापीड हाथी को अभी तुमने पछाड़ कर मार डाला है। इसलिए तुम दोनों को हम जैसे पहलवानों के साथ ही कुश्ती लड़नी होगी। कृष्ण तुम मुझसे लड़ो और बलराम के साथ मुष्टिक लड़ेगा।'

कृष्ण-बलराम ने उनकी चुनौती स्वीकार कर ली। यद्यपि पहलवानों और कृष्ण-बलराम की उम्र को देखते हुए यह मल्लयुद्ध नियमों के विरुद्ध था, लेकिन कंस हर हालत में इन दोनों भाइयों को मारना चाहता था, इसलिए जानबूझकर उसने यह युद्ध कराया। मल्लयुद्ध शुरू हुआ। कृष्ण ने शक्तिशाली चाणूर को मौका पाकर जमीन पर इतनी जोर से दे मारा कि वह फिर उठ ही नहीं सका। इसके बाद बलराम से कुश्ती लड़ने मुष्टिक पहलवान आया तो बलराम ने उसे कुछ क्षणों में ही मौत के घाट उतार दिया। शेष मल्लयोद्धाओं की भी कृष्ण-बलराम ने वही दुर्गति की। दोनों भाइयों के इस अद्‌भुत पराक्रम को देखकर दर्शक आनन्द से झूम उठे।

कंस का अन्त

मथुरा में उत्सव : कृष्ण-बलराम के हाथों अपने एक से बढ़कर एक शक्तिशाली योद्धाओं का अन्त देखकर कंस के दुख और क्रोध का ठिकाना न रहा। भयभीत होकर उसने सैनिकों को आदेश दिया—'इन दोनों को पकड़कर मार डालो! नन्द और गोपों को बन्दी बना लो! वसुदेव, देवकी और उग्रसेन का भी अन्त कर दो!'

कंस को इस तरह चिल्लाते हुए देखकर कृष्ण तेजी से उसके मंच पर जा चढ़े। कंस भी तलवार लेकर पूरी ताकत के साथ कृष्ण

पर झपटा तभी उसका मुकुट गिर गया। बड़ी सावधानी से अपने आपको बचाते हुए कृष्ण ने कंस के केश पकड़कर, उसे मंच से नीचे गिरा दिया और उसके ऊपर इतनी जोर से कूदे कि उसी क्षण कंस के प्राण निकल गये। कंस के मरने के साथ ही कृष्ण की जय-जयकार के नारे गूँजने लगे और मथुरा नगरी कंस के अत्याचारों से सदा के लिए मुक्त हो गयी।

इसके बाद कृष्ण और बलराम ने अपने माता-पिता देवकी और वसुदेव को बन्दीगृह से मुक्त कराया। कंस ने अपने पिता उग्रसेन को भी कारागार में डाल रखा था। उन्हें भी बन्धन-मुक्त करके यदुवंशियों का राजा घोषित करते हुए पुनः मथुरा के सिंहासन पर बैठा दिया। कृष्ण-बलराम मथुरा में ही रुक गये और नन्द बाबा आदि को समझा-बुझाकर बड़े आदर के साथ वापस वृन्दावन भेज दिया। मथुरा में उत्सव मनाया जा रहा था, लेकिन वृन्दावन कृष्ण-बलराम के बिना सूना-सा हो गया था।

गुरु सान्दीपनि के आश्रम में : गोकुल-वृन्दावन में रहते हुए कृष्ण-बलराम की विधिवत शिक्षा नहीं हो पाई थी, अतः वसुदेव ने अपने कुल-पुरोहित गर्गाचार्य से सलाह करके अपने दोनों बेटों को उज्जयनी में सान्दीपनि ऋषि के पास अध्ययन के लिए भेज दिया। गुरु सान्दीपनि के आश्रम में कृष्ण की भेंट सुदामा नाम के एक गरीब छात्र से हुई। कृष्ण और सुदामा गुरुमाता के लिए जंगल से लकड़ियाँ लेने साथ-साथ जाते थे। धीरे-धीरे दोनों के बीच खूब गाढ़ी मित्रता हो गयी। कृष्ण-सुदामा की मित्रता की मिसाल लोग आज भी देते हैं। सान्दीपनि ऋषि से उन्होंने वेद, उपनिषद्, शास्त्र-पुराणों, मीमांसा, न्याय आदि की शिक्षा ग्रहण करने के साथ ही राजनीति एवं योग आदि का भी ज्ञान प्राप्त किया। कहते हैं कि गुरु के एक बार कथन मात्र से ही कृष्ण ने चौंसठ कलाएँ केवल चौंसठ दिन-रात में सीख लीं। सभी विद्याओं में निपुण होकर तथा अपनी सेवा से गुरु को सन्तुष्ट कर कृष्ण-बलराम अपने माता-पिता के पास मथुरा लौट आये।

उद्धव की ब्रज-यात्रा

ऊधौ मोहि ब्रज बिसरत नाहीं : मथुरा में कृष्ण के सबसे प्यारे सखा और मन्त्री थे उद्धव। अपने मन की बातें वे उद्धव से बाँटा करते थे। उद्धव भी उन्हें जब-तब सलाह दिया करते। एक दिन कृष्ण ने उद्धव से कहा—'प्रिय सखा, मैं ब्रज को भूल नहीं पाता हूँ। तुम्हें तो मालूम ही है कि वहाँ मेरी माँ यशोदा, पिता नन्द बाबा और मेरे बचपन के साथ खेले-बढ़े बहुत से मित्र—गोप, गोपियाँ रहते हैं। वहाँ की मधुर यादें मुझे बेचैन करती रहती हैं। वे सब भी मेरे वियोग में व्याकुल हो रहे होंगे। प्रिय मित्र, मैं चाहता हूँ कि तुम वहाँ जाओ और मेरा सन्देश

सुनाकर, मेरी वियोग-वेदना से उन्हें मुक्त करो। मैंने उनसे कहा था कि मैं शीघ्र ब्रज वापस आऊँगा। मेरा वह वचन ही उनके जीवन का आधार है। उद्धव, तुम जाओ, और मेरी भावना, मेरे प्रेम को समझाकर उन्हें सान्त्वना देकर आओ।'

उद्धव कृष्ण की ओर आश्चर्य से देखते हुए बोले—'केशव, तुम तो इतने बड़े योगी हो। ये मोह-माया अब तुमको शोभा नहीं देती है। तुम जिस लोक-कल्याण के लिए आये हो, उस पर ध्यान दो। तुम्हारे कहने से मैं ब्रज जा रहा हूँ, लेकिन उन लोगों के मन में तुम्हारे प्रति जो मोह है, उसको अपने ज्ञान योग से दूर करके लौटूँगा।' कृष्ण से ऐसा कहकर उद्धव नन्दगाँव पहुँचे तो वहाँ उनका खूब स्वागत-सत्कार हुआ। नन्द बाबा, यशोदा और ब्रजवासियों से मिलकर, कृष्ण के प्रति उनके असीम अनुराग को देखकर वे आश्चर्यचकित रह गये। सभी कृष्ण-बलराम के बारे में उद्धव से बहुत कुछ जानना को उत्सुक थे। वे पूछने लगे—'हमारे कृष्ण-बलराम वहाँ खुश तो हैं न? क्या उन्हें हम लोगों की, यहाँ के पेड़ों की, गौओं की, गोवर्धन की याद आती है? वे दुबारा यहाँ कब आएँगे? वे कैसे रहते हैं? क्या करते हैं? हमें भूल तो नहीं गये?' ऐसे तमाम सवालों को सुनकर उद्धव का मन थोड़ा विचलित-सा हुआ, लेकिन उन्होंने नन्द बाबा और यशोदा को धीरज बँधाते हुए कहा—'आप परम भाग्यशाली तथा प्रशंसनीय हैं, क्योंकि कृष्ण के प्रति आपके हृदय में विशुद्ध प्रेम है। वे भी आप सबके लिए व्याकुल रहते हैं। लेकिन आप उनकी चिन्ता न करें। कृष्ण तो सबके साथ हैं; क्योंकि जैसे काष्ठ में अग्नि सदा ही व्यापक रूप से रहती है, वैसे ही वे समस्त प्राणियों के हृदय में सर्वदा विराजमान रहते हैं। वे तो सबके रक्षक हैं।'

जब ब्रज की गोपियों को पता चला कि मथुरा से कृष्ण का

सन्देशा लेकर उनके परम सखा उद्धव आए हुए हैं तो वे भी आतुर होकर उनसे मिलने के लिए पहुँच गयीं और उद्धव से बार-बार पूछने लगीं—'मनमोहन ने हमारे लिए क्या सन्देशा भेजा है? वे कब आ रहे हैं? उद्धव जी, हमें जल्दी बताइए, उन्होंने हमारे लिए क्या कहा है?' ऐसा कहते हुए गोपियों की आँखें भर आयीं।

कृष्ण के प्रति गोपियों की ऐसी भक्ति देखकर उद्धव फिर थोड़ा विचलित हुए, लेकिन बड़ी दृढ़ता के साथ बोले—'भाग्यवती गोपियो, तुम धन्य हो! मैं तुम्हारे प्रिय का दूत हूँ। उनका सन्देश लेकर ही यहाँ आया हूँ। कृष्ण तो सबकी आत्मा हैं, वे सबमें व्याप्त हैं और तुम्हारे अन्तर में भी समाए हुए हैं। इसलिए उनसे कभी भी तुम्हारा वियोग नहीं हो सकता। जैसे स्वप्न में दीखने वाले पदार्थ मिथ्या हैं और शरीर का उनसे कुछ भी सम्बन्ध नहीं होता, वैसे ही माया के प्रपंच मिथ्या हैं, इसलिए विषयों को त्यागकर ध्यान-योग द्वारा कृष्ण का साक्षात्कार करना ही श्रेयस्कर है। हे गोपियो! तुम सब निश्चल मन से कृष्ण का ध्यान करो, वे अवश्य ही तुम्हें प्राप्त होंगे।'

उद्धव की ज्ञान भरी बातें सुनकर गोपियों को बहुत गुस्सा आया। वे बोलीं—'उद्धव, मनमोहन तो हमारे आराध्य हैं! ये आप क्या योग और ज्ञान की बातें हमसे कह रहे हैं। हमारा तो एक ही मन है, वो भी कृष्ण के साथ चला गया है। अब हम किसी और की आराधना कैसे करें? हमसे ये सब नहीं होगा। आप अपना ज्ञान अपने पास रखिये।' इस तरह उद्धव और गोपियों के बीच खूब वाद-विवाद-संवाद हुआ। महाकवि सूरदास ने अपने 'भ्रमर-गीत' और जगन्नाथदास रत्नाकर ने 'उद्धवशतक' में इस संवाद को बहुत ही सरस और सुन्दर ढंग से प्रस्तुत किया है। सूरदास के एक पद में गोपियों की व्यथा का वर्णन कुछ इस प्रकार से है—

ऊधौ हमहि कहा समुझावहु।
पसु पंछी सुरभी ब्रज की सब, देखि स्त्रवन सुनि आवहु॥
जमुना भई स्याम स्यामहि बिनु, इंदु छीन छी रोगी।
तरुवर पत्र बसन न संभारत, बिरह बृच्छ भए जोगी॥
गोकुल के सब लोग दुखित हैं, नीर बिना ज्यों मीन।
'सूरदास' प्रभु प्रान न छूटत, अवधि आस मैं लीन॥

गोपियों की बातें सुनकर और कृष्ण के प्रति उनके अगाध प्रेम को देखकर उद्धव का मन विचलित हो गया। वे अपना ज्ञानयोग भूलकर कृष्ण की प्रेम-भक्ति में डूबने लगे। उद्धव कई महीने तक ब्रज में रहे और कृष्ण की लीला-कथाएँ सुनते-सुनाते वे भी कृष्णमय हो गये। नन्द बाबा, यशोदा मैया और गोप-गोपियों से विदा लेकर उद्धव मथुरा लौट आए। ब्रजवासियों में कृष्ण-भक्ति का जैसा उद्वेग उन्होंने देखा था, कृष्ण को बड़े गद्गद भाव से विस्तार पूर्वक कह सुनाया। कृष्ण जानते थे कि गोपियों के प्रेमयोग के आगे उद्धव का ज्ञानयोग धरा रह जायेगा, अतः उद्धव की प्रेममयी बातें सुनकर कृष्ण मन-ही-मन खूब आनन्दित हुए।

मथुरा से द्वारिका

जरासन्ध से युद्ध : जरासन्ध की दो पुत्रियों का विवाह कंस के साथ हुआ था। जब उसने सुना कि कृष्ण ने कंस का वध कर दिया है तो वह कृष्ण और मथुरावासियों का शत्रु बन गया। बदला लेने के लिए जरासन्ध ने अपनी विशाल सेना लेकर मथुरा पर आक्रमण कर दिया। लेकिन कृष्ण की युद्ध-कला के आगे उसे मुँह की खानी पड़ी। फिर भी उसने हिम्मत नहीं हारी। बार-बार आक्रमण करके मथुरावासियों का जीना मुश्किल कर दिया। मथुरा की सुख-शान्ति

भंग हो चुकी थी। लोग हमेशा इस भय में रहते कि पता नहीं कब जरासन्ध की सेना आक्रमण कर दे। जब सत्रह आक्रमण हो चुके तो कृष्ण-बलराम ने सोच-समझकर मथुरा से दूर सौराष्ट्र में समुद्र तट के निकट द्वारिका नगरी का निर्माण कराया। अभी वे लोग पूरी तरह से द्वारिका में बसे भी नहीं थे कि जरासन्ध ने अट्ठारहवीं बार मथुरा पर आक्रमण कर दिया। इसी बीच जरासन्ध के उकसावे पर उसके एक मित्र कालयवन ने भी मथुरा पर दूसरी ओर से धावा बोल दिया। कृष्ण अपनी छोटी-सी सेना से उस बलशाली सेना के साथ युद्ध करना नहीं चाहते थे। उन्हें यह भी ज्ञान था कि युद्ध में अकारण जन-धन की हानि होती है, अतः जब तक युद्ध जरूरी न हो जाए तब तक कौशल से काम लेना चाहिए।

कृष्ण ने जब कालयवन और जरासन्ध के रूप में दो-दो विपत्तियों को एक साथ मँडराते देखा तब उन्होंने अपने सभी स्वजन-सम्बन्धियों को द्वारिका भेज दिया और शेष प्रजा की रक्षा के लिए बलराम को मथुरा में छोड़कर कालयवन का अन्त करने के लिए अकेले ही नगर के बाहर निकल गये। कालयवन ने जब कृष्ण को अकेले देखा तो वह उन्हें मारने के लिए दौड़ा। कृष्ण भागे और उनके पीछे-पीछे कालयवन भागा। वह कृष्ण को ललकार रहा था और चिल्ला रहा था, 'अरे, अपने आपको वीर पुरुष कहनेवाले, अब रण छोड़कर क्यों भाग रहा है?' कृष्ण एक गुफा में घुस गये और अँधेरे में गायब हो गये। कालयवन ने गुफा में सोये हुए मुचुकुन्द नामक ऋषि को धोखे से कृष्ण समझकर जोर से एक लात मारी। ऋषि के नेत्र खोलते ही कालयवन भस्म हो गया।

कृष्ण ने पुनः मथुरा लौटकर शत्रु-सेना का घोर संहार किया। इसके बाद जब वे द्वारिका चलने को तैयार हुए, तभी जरासन्ध अपनी

सेना के साथ सामने से आता हुआ दिखाई दिया। उसकी विशाल सेना को देख, वे बलराम के साथ मथुरा छोड़कर निकल गये। जरासन्ध ने उनका बहुत पीछा किया, पर वे सकुशल द्वारिका पहुँच गये और जरासन्ध अपनी राजधानी मगधदेश लौट गया।

कृष्ण का विवाह : कहते हैं द्वारिकाधीश कृष्ण की अनेक रानियाँ थीं। कुछ राजकुमारियों को तो उन्होंने स्वयंवर में जीता और कुछ का हरण करके उनसे विवाह किया। कुछ राजाओं ने कृष्ण के सामने अपनी पराजय स्वीकार करके अपनी बहन अथवा बेटी का विवाह उनसे कर दिया। विदर्भ देश के राजा भीष्मक की पुत्री रुक्मिणी का विवाह उनका बड़ा भाई रुक्मी अपने मित्र शिशुपाल से करना चाहता था, लेकिन रुक्मिणी कृष्ण को चाहती थीं, इसलिए कृष्ण रुक्मिणी को हर लाये, और उनसे विवाह कर लिया। रुक्मिणी के अलावा सत्यभामा, जाम्बवती, सत्या, रोहिणी, कालिन्दी, मित्रविन्दा, शील मंडला, भद्रा और लक्ष्मणा कृष्ण की प्रमुख रानियाँ थीं। सोलह हजार राजकुमारियाँ, जो दानवराज नरकासुर (भौमासुर) के किले में बन्दी थीं, कृष्ण ने नरकासुर का वध करके, उन्हें मुक्त कराया और राजकुमारियों के आग्रह पर उनके साथ विवाह करके सबको अपने संरक्षण में ले लिया।

सुदामा का सत्कार : कृष्ण और सुदामा ने गुरु सान्दीपनि के आश्रम में रहकर एक साथ शिक्षा प्राप्त की थी। दोनों घनिष्ठ मित्र थे। शिक्षा पूरी करने के बाद कृष्ण मथुरा आ गये और सुदामा अपने गाँव चले गये थे। सुदामा गृहस्थ होते हुए भी संग्रह–परिग्रह से दूर थे, इसलिए जो कुछ भी सहज प्राप्त हो जाता उसी में सन्तुष्ट रहते थे। उनकी

आर्थिक स्थिति इतनी दयनीय थी कि कई बार पूरे परिवार को भूखे ही रह जाना पड़ता था। सुदामा की पत्नी को जब पता चला कि द्वारिकाधीश श्रीकृष्ण उनके पति के मित्र हैं तो वे अक्सर सहायता माँगने के उद्देश्य से सुदामा को कृष्ण के पास जाने के लिए कहतीं। मगर सुदामा हर बार पत्नी की बात टाल जाते। वे सोचते कि याचना करने से मित्रता में फर्क आ जायेगा और पता नहीं अब कृष्ण उन्हें पहचानेंगे भी या नहीं। पत्नी के बार-बार आग्रह करने पर सुदामा द्वारिका जाने के लिए तैयार हो गये। उन्होंने मन में सोचा कि मित्र से कुछ माँगेंगे नहीं, लेकिन इस बहाने कृष्ण के दर्शन हो जाएँगे। पत्नी से बोले—'खाली हाथ जाना अच्छा नहीं लग रहा है, मित्र को भेंट करने के लिए कुछ तो दो।' पत्नी पड़ोस के घर से थोड़ा-सा चिउड़ा माँग लाई और उसी को एक पोटली में बाँधकर दे दिया।

सुदामा जब द्वारिका पहुँचे तो वहाँ का वैभव-ऐश्वर्य देखकर आश्चर्यचकित रह गये। कृष्ण को जैसे ही पता चला कि उनके मित्र सुदामा आये हैं तो वह मिलने के लिए नंगे पाँव ही दौड़े चले आए। आदरपूर्वक सुदामा को अपने राजमहल में ले गये और अपने सिंहासन पर बैठाकर उनका बहुत सम्मान किया। सुदामा से मिलकर और उनकी हालत देखकर कृष्ण इतने भावविह्वल हो गये कि उनकी आँखों से झर-झर आँसू बहने लगे। सुदामा को स्नान आदि कराकर अच्छे रेशमी वस्त्र पहनने को दिए। रुक्मिणी ने स्वयं पंखा झलते हुए सुदामा को अनेक प्रकार का स्वादिष्ट भोजन कराया। बहुत देर तक दोनों मित्र गुरु-आश्रम में साथ बिताये दिनों की बातें करते रहे। फिर अचानक कृष्ण ने सुदामा से पूछा—'मित्र, भाभी ने हमारे लिए क्या भेजा है?' सुदामा संकोच के मारे अपनी पोटली छुपाए जा रहे थे कि तभी कृष्ण ने उनके हाथ से पोटली छीन ली और उसमें से चिउड़ा

निकालकर बड़े प्रेम से खाने लगे। रुक्मिणी यह दृश्य देखकर खूब आनन्दित हुईं।

द्वारिका में कुछ दिन बिताने के बाद जब सुदामा कृष्ण से विदा लेकर अपने गाँव की ओर लौट रहे थे तो मन-ही-मन सोच रहे थे कि पत्नी से कैसे कहेंगे कि कृष्ण ने उनकी कुछ सहायता नहीं की? लेकिन गाँव पहुँचकर जब उन्होंने देखा कि उनकी झोंपड़ी की जगह एक सुन्दर महल खड़ा हुआ है और उनकी पत्नी अच्छे कपड़ों और गहनों से सजी हुई उनके स्वागत के लिए आगे बढ़ी आ रही हैं तो उनके आश्चर्य का ठिकाना न रहा। कृष्ण ने मित्रता निभाते हुए मुट्ठी भर चिउड़े के बदले अपने प्रिय सखा सुदामा के सारे दुख दूर कर दिए थे।

पांडवों से मित्रता

अपने समय के दिग्गज राजाओं के बीच द्वारिकाधीश कृष्ण की अपनी एक अलग पहचान थी। उनकी राजनीति भी अन्य राजाओं से

कृष्ण के आदेश पर मय दानव ने इन्द्रप्रस्थ में एक भव्य सभा-भवन का निर्माण किया। यह भवन कुछ इस तरह से बनाया गया था कि जहाँ सूखी जमीन नजर आती थी वहाँ पानी भरा होता था और जहाँ पानी लहराता हुआ दिखाई देता था वहाँ एकदम सूखी समतल जमीन होती थी। इसी तरह रत्नों के बने पेड़ और पशु-पक्षी ऐसे दीखते थे जैसे कि सचमुच के हों। इन्द्रप्रस्थ की भव्यता हस्तिनापुर से भी कई गुना अधिक बढ़ गयी थी।

जरासन्ध का अन्त : जब युधिष्ठिर इन्द्रप्रस्थ के राजसिंहासन पर बैठे तो उनके मन में राजसूय यज्ञ करने का विचार आया। लेकिन कृष्ण ने युधिष्ठिर को बताया कि जब तक जरासन्ध जीवित है, उसके भय से कोई भी राजा राजसूय यज्ञ में शामिल नहीं होगा और अनेक राजा उसकी कैद में हैं, जिन्हें मारकर वह नरमेध-यज्ञ करना चाहता है। अतः सबसे पहले उस अत्याचारी का अन्त करना जरूरी है क्योंकि उसके अन्त के साथ ही कैदी राजा भी प्राण-दान पाकर सदा के लिए आपके पक्ष में हो जाएँगे। युधिष्ठिर को कृष्ण की बात ठीक लगी। कृष्ण अपनी रणनीति के अनुसार अर्जुन और भीम को साथ लेकर ब्राह्मण के वेश में जरासन्ध की सभा में पहुँच गये। उन्होंने अपना परिचय देते हुए जरासन्ध से कहा कि जिन राजाओं को तुमने कैद कर रखा है, उन्हें छोड़ दो। इसी में तुम्हारी भलाई है। जरासन्ध भड़क उठा और उसने उनकी माँग को अस्वीकार कर दिया। फिर कृष्ण ने उसे एकल युद्ध के लिए ललकारा। स्वाभिमानी वीर जरासन्ध भीम से कुश्ती लड़ने को तैयार हो गया। अखाड़े में उनकी कुश्ती देखने के लिए पूरा नगर उमड़ आया था। कई दिनों तक कुश्ती चली, लेकिन कोई एक-दूसरे को हरा नहीं पा रहा था।

कृष्ण जरासन्ध के जन्म के पीछे की कहानी जानते थे। जरासन्ध के पिता वृह्दरथ की दो पत्नियाँ थीं, लेकिन कोई सन्तान नहीं थी। एक दिन एक ऋषि नें वृह्दरथ को एक फल दिया जिसे उन्होंने अपनी दोनों रानियों को आधा-आधा खिला दिया। कुछ समय बाद दोनों पत्नियों ने आधे-आधे मानव शिशु को जन्म दिया, जिसे देखकर वे डर गयीं और उन्होंने उसे बाहर फिंकवा दिया। 'जरा' नामक एक राक्षसी को वे आधे-आधे बच्चे मिले तो उसने जब उन्हें जोड़ा तो बच्चा जुड़कर पूरा और जीवित हो उठा। वह बच्चे को लेकर राजा के पास गयी। राजा खुश हो गया और उसने अपने बच्चे का नाम जरासन्ध रख दिया।

भीम ने कुश्ती लड़ते हुए कृष्ण की ओर मदद की उम्मीद से देखा। कृष्ण ने एक टहनी को उठाया और उसे दो हिस्सों में तोड़कर,

दोनों हिस्सों को दो विपरीत दिशाओं में फेंक दिया। भीम ने कृष्ण का इशारा समझते ही जरासन्ध की दोनों टाँगों को पकड़कर बीच से चीर दिया और दोनों हिस्सों को अलग-अलग दिशाओं में दूर फेंक दिया। जरासन्ध को मारकर भीम ने इतनी तेज गर्जना की कि मगधवासी भयभीत हो गये। कृष्ण ने सबसे कहा कि अब डरने की कोई बात नहीं है, अत्याचारी राजा से आप सब मुक्त हो चुके हैं। उन्होंने कारागार में बन्द राजाओं को मुक्त कर दिया और जरासन्ध के पुत्र सहदेव को मगध का राजा घोषित करते हुए सभी को युधिष्ठिर के राजसूय यज्ञ में शामिल होने का निमंत्रण दिया।

राजसूय यज्ञ और शिशुपाल का वध : इन्द्रप्रस्थ में राजसूय यज्ञ की तैयारियाँ पूरी हो चुकी थीं। धर्मराज युधिष्ठिर ने सभी प्रधान ऋषियों के साथ द्रोणाचार्य, भीष्म पितामह, कृपाचार्य, धृतराष्ट्र, विदुर, दुर्योधन और दुःशासन आदि को आमन्त्रित किया था। कृष्ण तो वहाँ पहले से ही उपस्थित थे और आने वाले अतिथियों का स्वागत-सत्कार कर रहे थे। द्रुपद, विराट, जयद्रथ, शिशुपाल, बलराम आदि देश-विदेश के सब राजा यज्ञ देखने के लिए पधारे थे। विधिपूर्वक यज्ञकार्य शुरू हुआ तो युधिष्ठिर ने पितामह भीष्म को प्रणाम करके पूछा कि किसकी पूजा पहले की जानी चाहिए। भीष्म ने कहा—'यहाँ उपस्थित लोगों में द्वारिकाधीश कृष्ण सर्वश्रेष्ठ हैं, अतः अग्रपूजा के वे ही अधिकारी हैं।' युधिष्ठिर का आदेश पाकर सहदेव कृष्ण के पैर पखारने लगे। यह देखकर चेदिराज शिशुपाल गुस्से से तमतमा उठा और भीष्म तथा कृष्ण को गालियाँ देने लगा। उसने कहा—'यहाँ पर बड़े-बड़े तपस्वी, ज्ञानी, महात्मा बैठे हुए हैं, जिनकी पूजा लोकपाल भी करते हैं। उनको छोड़कर यह ग्वाला भला अग्रपूजा का अधिकारी

कैसे हो सकता है। यह हम सबका अपमान है। वृद्ध भीष्म की बुद्धि मारी गयी है।' शिशुपाल के समर्थक दुर्योधन आदि राजा उसकी बातें सुनकर प्रसन्न हो रहे थे, लेकिन कृष्ण चुपचाप गालियाँ सुनते रहे। शिशुपाल की अभद्रता और कटु वचनों से उत्तेजित होकर भीम और अर्जुन उसे मारने के लिए उठ खड़े हुए तभी कृष्ण ने उन्हें शान्त करते हुए कहा—'मैंने अपनी बुआ को इसकी सौ गालियाँ क्षमा करने का वचन दे रखा है। जैसे ही वे पूरी हो जाएँगी, फिर मैं इसे नहीं छोड़ूँगा।' इतने पर भी जब शिशुपाल नहीं माना और उसकी गालियों की संख्या सौ से भी आगे बढ़ गयी, तब कृष्ण ने भरी सभा में अपने सुदर्शन चक्र से उसका सिर काट डाला। युधिष्ठिर ने हाथ जोड़कर कृष्ण को शान्त किया। इस प्रकार शान्ति होने पर राजसूय यज्ञ विधिवत सम्पन्न हुआ और चारों ओर पांडवों की जय-जयकार होने लगी।

यज्ञ में आये अतिथि विदा हो रहे थे। कुछ प्रियजन इन्द्रप्रस्थ नगरी में मय दानव द्वारा बनाए गये चमत्कारी सभा-भवन को देख रहे थे। दुर्योधन भी घूमता हुआ सभा-भवन में उस जगह पर पहुँचा जहाँ पानी दिखाई दे रहा था, वह कपड़े समेटता हुआ आगे बढ़ा पर वहाँ तो समतल फर्श था, लेकिन और आगे जाकर उसने जहाँ स्थल समझकर पाँव रखा वहाँ लड़खड़ाकर पानी में गिर पड़ा। वहीं कुछ दूर पर खड़ी द्रोपदी यह दृश्य देखकर हँस पड़ीं, और बोलीं—'अन्धे के अन्धा ही पैदा होता है!' दुर्योधन इस व्यंग्य बाण से आहात होकर चुपचाप हस्तिनापुर लौट गया।

कुछ दिनों बाद पांडवों से विदा लेकर जब कृष्ण-बलराम द्वारिका पहुँचे तो उन्हें पता चला कि शिशुपाल के वध का बदला लेने के लिए उसके मित्र शाल्व ने आकाश-मार्ग से द्वारिका पर हमला बोल दिया है और प्रद्युम्न (कृष्ण के पुत्र) अपनी सेना के साथ युद्ध-

मैदान में उसका सामना कर रहे हैं। द्वारिका की रक्षा का भार बलराम को सौंपकर कृष्ण स्वयं युद्धस्थल पर पहुँचे और शाल्व के मायाजाल को तहसनहस करते हुए उन्होंने उसे मौत के घाट उतार दिया।

शान्तिदूत कृष्ण

युधिष्ठिर के राजसूय यज्ञ के समय इन्द्रप्रस्थ के वैभव को देखकर और द्रोपदी के व्यंग्य बाणों से आहात होकर दुर्योधन चुपचाप हस्तिनापुर लौट तो आया था, लेकिन भीतर ही भीतर पांडवों से इस अपमान का बदला लेने के लिए तड़प रहा था। उसने अपने मामा शकुनि की सलाह पर युधिष्ठिर को द्यूतक्रीड़ा (जुआ) के लिए आमन्त्रित किया। दुर्योधन की तरफ से शकुनि ने जुआ खेलते हुए बड़ी चालाकी से युधिष्ठिर को बार-बार हराया। यहाँ तक कि युधिष्ठिर अपना राज्य, अपने भाइयों सहित स्वयं को और प्रिय पत्नी द्रोपदी को भी जुए में हार बैठे। दुर्योधन ने द्रोपदी को भरी सभा में बुलाकर अपमानित किया और दुःशासन से उसके वस्त्र खींचने को कहा। द्रोपदी ने भीष्म पितामह, द्रोणाचार्य, महात्मा विदुर और राजा धृतराष्ट्र से अपनी रक्षा की गुहार की, लेकिन सभा में बैठे सभी लोग शक्तिहीन नजर आये। जब दुःशासन द्रोपदी के वस्त्र जबरन खींचने लगा तो असहाय द्रोपदी ने मन ही मन कृष्ण को याद किया। अदृश्य रूप से कृष्ण ने द्रोपदी की लाज बचाई। दुःशासन वस्त्र खींचते-खींचते थक गया और हार कर बैठ गया। कौरवों ने पांडवों को तेरह साल वन में बिताने के लिए विवश किया, जिसमें आखिरी एक वर्ष अज्ञातवास का था। माता कुन्ती को विदुर के पास छोड़कर द्रोपदी सहित पाँचों भाई वन में चले गये। कृष्ण कभी-कभी वन में जाकर उनसे मिल आते थे।

बारह वर्ष वनवास में बिताने के बाद पांडवों ने अज्ञातवास का एक वर्ष महाराज विराट के यहाँ वेश और नाम बदलकर—युधिष्ठिर ब्राह्मण-वेशी कंक के रूप में, भीम वल्लभ के नाम से रसोइया बनकर, अर्जुन नृत्य-संगीत की शिक्षिका के रूप में बृहन्नला नाम रखकर, नकुल ग्रन्थिक नाम से घोड़ों की रखवाली करनेवाले, सहदेव तन्त्रिपाल नाम धारण कर चरवाहा बनकर और द्रोपदी ने सैरन्ध्री नाम से रानी की सेविका बनकर—इतनी सावधानी से अपना-

अपना काम करते हुए बिताया कि किसी को उनकी असलियत के बारे में पता नहीं चल सका और कौरव भी उन्हें नहीं ढूँढ़ पाए। बाद में जब महाराज विराट को पांडवों की असलियत का पता चला तो वे बहुत खुश हुए। उन्होंने हाथ जोड़कर धर्मराज युधिष्ठिर से क्षमा माँगी और अपनी पुत्री उत्तरा का विवाह अर्जुन-पुत्र अभिमन्यु के साथ करने का प्रस्ताव रखा। युधिष्ठिर की स्वीकृति के बाद बड़े धूमधाम से अभिमन्यु-उत्तरा का विवाह सम्पन्न हुआ, जिसमें पांडवों के ससुर, अभिमन्यु के मामा कृष्ण, बलराम तथा अन्य यादवजन शामिल हुए।

इस अवसर पर विराटराज के सभा-भवन में उपस्थित लोगों के बीच पांडवों को उनके खोये हुए राज्य को कौरवों से वापस दिलाने की बात भी उठी। कृष्ण ने कहा—'हम सभी जानते हैं कि पांडवों के साथ छल करके उनका राज्य छीन लिया गया और ऊपर से तेरह वर्षों तक इधर से उधर भटकते हुए उन्हें कष्टकर जीवन बिताना पड़ा है। हम सबको मिलकर कोई ऐसा रास्ता निकालना चाहिए जिससे युद्ध की नौबत न आये और युधिष्ठिर से छीना गया राज्य उन्हें वापस मिल जाए। इसलिए मेरा विचार है कि सन्धि का प्रस्ताव लेकर किसी योग्य व्यक्ति को हस्तिनापुर भेजना चाहिए और साथ ही युद्ध की तैयारी भी शुरू कर देनी चाहिए।' बलराम, सात्यकि, महाराज विराट और पांचाल नरेश द्रुपद ने काफी विचार-विमर्श के बाद कृष्ण की बात का समर्थन करते हुए हस्तिनापुर नरेश के पास दूत भेजने का निर्णय लिया। कृष्ण द्रुपद को आगे की गतिविधियों से सबको अवगत कराते रहने और दूत भेजने का कार्यभार सौंपकर द्वारिका चले गये।

द्रुपद और विराट की सेना के संरक्षण में पांडव कुरुक्षेत्र के पास

एक शिविर बनाकर ठहरे और युद्ध की तैयारियों में जुट गये। अर्जुन युद्ध सम्बन्धी परामर्श और सैन्य सहायता के लिए कृष्ण से मिलने द्वारिका गये। दुर्योधन को भी युद्ध की भनक लग गयी थी, अतः वह भी कृष्ण से सहायता माँगने द्वारिका जा पहुँचा। कृष्ण ने दोनों से कहा—'मैं जितना प्रेम पांडवों से करता हूँ, कौरव भी मुझे उतने ही प्रिय हैं। इसलिए मैं दोनों की ही सहायता करूँगा। लेकिन मैंने शपथ ली है कि इस महायुद्ध में मैं अस्त्र नहीं उठाऊँगा। मेरे पास बहुत शक्तिशाली नारायणी सेना है। एक तरफ मेरी सेना रहेगी और दूसरी तरफ मैं अकेला रहूँगा। यह निर्णय आपको करना है कि आप किसे चाहते हैं। हाँ, अर्जुन छोटे हैं इसलिए माँगने का पहला अधिकार उनका है।' अर्जुन ने हाथ जोड़ते हुए कहा—'मुझे आपकी सेना नहीं, आपका साथ चाहिए।' यह सुनकर दुर्योधन बहुत खुश हुआ। उसे तो कृष्ण की नारायणी सेना ही चाहिए थी। अब उसे पक्का विश्वास हो गया कि वह पांडवों को युद्ध में मात दे देगा।

द्रुपदराज ने अपने पुरोहित को दूत के रूप में सन्धि के लिए हस्तिनापुर भेजा। भीष्म पितामह, धृतराष्ट्र और गान्धारी तो चाहते थे कि पांडवों को उनका राज्य वापस दिया जाए, लेकिन दुर्योधन युद्ध के बिना पांडवों को सुई की नोंक के बराबर भूमि भी देने को तैयार नहीं था। सन्धि-वार्ता में असफल होकर पुरोहित युद्ध की चेतावनी देते हुए धृतराष्ट्र की सभा से लौट आये। धृतराष्ट्र युद्ध नहीं चाहते थे क्योंकि उन्हें युद्ध में हारने का भय था। अतः उन्होंने युद्ध न करने का परामर्श देने के लिए अपने दूत संजय को पांडवों के पास भेजा। युधिष्ठिर ने कहा—'हम भी नहीं चाहते हैं कि युद्ध की स्थिति पैदा हो। वे हमारे हिस्से का आधा राज्य हमें दे दें। हम इस पर सन्धि करने को तैयार हैं।' दुर्योधन कहाँ मानने वाला था, वह तो पांडवों को पूरी

तरह से ही मिटा देना चाहता था।

कृष्ण यह जानते हुए भी कि अन्तिम विकल्प युद्ध ही है, अन्ततः वे स्वयं शान्तिदूत बनकर हस्तिनापुर जाने को तैयार हुए। वे मानते थे कि युद्ध की अपेक्षा सन्धि समाज के हित में है और उसके लिए अन्तिम समय तक प्रयत्न करना चाहिए। वे किसी को यह कहने का मौका नहीं देना चाहते थे कि पांडवों ने शान्ति स्थापित करने का प्रयास नहीं किया। कृष्ण शान्ति-वार्ता के लिए हस्तिनापुर पहुँचे तो दुर्योधन ने उन्हें अपने यहाँ ठहरने और भोजन के लिए आमन्त्रित किया। एक दूत के रूप में दुर्योधन के यहाँ ठहरना उन्होंने उचित नहीं समझा। वे विदुर के यहाँ रुके और साग-पात खाकर खुश हुए। अगले दिन कौरव-सभा में पहुँचकर उन्होंने देखा कि दुर्योधन के आगे किसी की भी नहीं चल रही थी। कृष्ण ने हर प्रकार से समझाने की कोशिश की, यहाँ तक कहा कि आधा राज्य न सही, केवल पाँच गाँव ही पांडव को दे दो, इस पर भी दुर्योधन समझौता करने को तैयार न हुआ। कृष्ण हस्तिनापुर से निराश होकर पांडवों के शिविर में लौट आये। युधिष्ठिर से बोले—'अब युद्ध ही अंतिम विकल्प है। सेना को तैयार रहने का आदेश दे दो।'

कुरुक्षेत्र में कृष्ण का सन्देश : महायुद्ध की घोषणा होने के बाद कुरुक्षेत्र के मैदान में कौरव और पांडवों की सेनाएँ युद्ध के लिए तैयार खड़ी थीं। अर्जुन बहुत उत्साहित थे कि देखें दुर्योधन की ओर से कौन-कौन से योद्धा हमसे लड़ने आये हैं! कृष्ण अर्जुन के सारथी थे। उन्होंने रथ को ले जाकर दोनों सेनाओं के बीच में खड़ा कर दिया। जब अर्जुन ने कौरव-सेना में भीष्म पितामह, गुरु द्रोणाचार्य, अश्वत्थामा और अपने अनेक सगे-सम्बन्धियों को देखा तो उसका

हृदय काँप गया। वह यह सोचकर दुखी हो गया कि अपने गुरुजनों, परिजनों के साथ उसे युद्ध करना होगा। वह जानता था कि युद्ध का परिणाम मृत्यु है। अपने भाइयों और सगे-सम्बन्धियों को मारकर जिस राज्य को वह प्राप्त करेगा, क्या उससे सुखी रह सकेगा? यह विचार मन में आते ही वह विषाद से भर गया और कायरों की भाँति धनुष-बाण एक ओर रखते हुए कृष्ण से हाथ जोड़कर बोला—'हे केशव, मुझसे यह युद्ध नहीं होगा। अपने बन्धुओं को मारना हमारे लिए उचित नहीं है, क्योंकि अपने कुटुम्ब को मारकर हम सुखी नहीं हो सकते।'

कृष्ण चुपचाप अर्जुन की बातें सुनते हुए उसके मनोभावों को समझने की कोशिश करते रहे। अर्जुन कह रहा था—'हे माधव, युद्ध तो पाप है। इससे कुल का नाश होगा। धर्म नष्ट हो जायेगा। धर्म के नाश होने से समूचे कुल को अधर्म ले डूबेगा। केशव, यह कितने दुख की बात है कि हमलोग सब कुछ जानते-समझते हुए भी राज्य-सुख के लोभ में स्वजनों को मारने को तैयार हैं। मुझसे यह नहीं होगा। मैं युद्ध नहीं करूँगा।' जिस अर्जुन ने सैकड़ों लड़ाइयाँ लड़ी थीं और असंख्य वीरों का संहार किया था, उसके मुँह से युद्ध न करने की बातें सुनकर कृष्ण समझ गये कि अर्जुन को अपनों के मोह ने घेर लिया है। कृष्ण ने साफ शब्दों में कहा—'अर्जुन, ये कायरों वाली भाषा तुम्हारे मुँह से अच्छी नहीं लगती। ये कुरुक्षेत्र ही इस समय तुम्हारा कर्मक्षेत्र है और जिस युद्ध से तुम पीछे हट रहे हो वह कोई साधारण युद्ध नहीं, धर्मयुद्ध है। अन्याय के विरुद्ध न्याय का युद्ध है। जिन कौरवों ने तुम्हारे साथ सदा से अन्याय किया, छल किया, जिन्होंने भरी सभा में द्रोपदी का अपमान किया, जो तुम्हें सुई की नोंक के बराबर भी भूमि नहीं देना चाहते, उनके लिए यहाँ युद्ध-भूमि में

आकर अचानक तुम्हारे मन में ये जो त्याग-भावना उमड़ रही है, वह त्याग नहीं, कायरता है।' अर्जुन ने कहा—'कृष्ण, मेरी समझ में कुछ नहीं आ रहा है। मैं अपने गुरुजनों, स्वजनों पर बाण कैसे चलाऊँगा। मन की दुर्बलता के कारण मैं भ्रमित हो गया हूँ। आप मेरा मार्गदर्शन करें। मुझे बताएँ धर्म क्या है और मेरे लिए क्या कल्याणकारी है?

स्वजनों के प्रति अर्जुन को मोहग्रस्त देखकर कृष्ण ने उससे कहा—'तू इनकी देहों के कारण मोहग्रस्त हो रहा है, जबकि इनकी आत्मा सदा इसी देह में रहनेवाली नहीं है। जैसे मनुष्य पुराने वस्त्रों को त्यागकर नए वस्त्र पहन लेता है, उसी प्रकार यह आत्मा जीर्ण शरीर को त्यागकर नये शरीर धारण करती रहती है। जब अविनाशी आत्मा का कोई नाश नहीं कर सकता है और विनाशी शरीर को कोई बचा नहीं सकता है, फिर तू युद्ध करने से क्यों घबराता है। इसलिए तू युद्ध कर।' कुरुक्षेत्र में अर्जुन का मार्गदर्शन करते हुए कृष्ण ने जो उपदेश दिया है वह *श्रीमद्‌भगवद्‌गीता* के नाम से प्रसिद्ध है। मनुष्य के स्वभाव और कर्तव्य से धर्म को जोड़ते हुए कृष्ण ने अर्जुन को बताया कि प्राणी मात्र के प्रति लोक कल्याण की भावना से कर्म करना ही धर्म है। यहाँ धर्म 'रिलीजन' के अर्थ में नहीं, बल्कि कर्म और कर्तव्य के अर्थ में है। दूसरे का कर्तव्य हम नहीं निभा सकते। स्वधर्म का अर्थ अपना कर्तव्य है। जैसे पिता का धर्म, विद्यार्थी का धर्म, अध्यापक का धर्म, पुत्र का धर्म—हर एक को अपने कर्तव्य को समझते हुए धर्म को निभाना होता है। अर्जुन को क्षत्रिय धर्म का स्मरण कराते हुए उन्होंने कहा—'क्षत्रिय के लिए धर्मयुद्ध से अधिक कल्याणकारी कोई कार्य नहीं है। यदि तू धर्मयुक्त इस युद्ध को नहीं लड़ेगा तो तेरा स्वधर्म नष्ट होगा और तेरा अपयश होगा। अपना धर्म गुणरहित हो तो भी पराये धर्म से अच्छा है। पराया धर्म भय देने वाला है।' अधर्म

और परधर्म के बीहड़ रास्ते को छोड़कर स्वधर्म का सहज और सरल मार्ग पकड़ने की सलाह देते हुए वे अर्जुन से कहते हैं— 'सुख-दुख, लाभ-हानि, जय-पराजय को समान समझकर तू युद्ध के लिए तैयार हो। तेरा अधिकार कर्म करने तक है, इसलिए फल की दृष्टि से तू कर्म मत कर, न ही यह सोच कि फल की आशा के बिना कर्म क्यों करूँ। निश्चयात्मक बुद्धि से निष्काम भाव से किया जाने वाला कर्म श्रेष्ठ है। कर्मयोगी के लिए कर्म ही पूजा है।'

अर्जुन ने जब कृष्ण से उनकी विभूतियों के बारे में जानने की जिज्ञासा प्रकट की तो उन्होंने कहा—'मैं ही सब प्राणियों के हृदय में विद्यमान आत्मा हूँ। मैं सभी प्राणियों का आदि, मध्य और अन्त हूँ। हे अर्जुन, तू बस इतना समझ ले कि मैं अंश के रूप में हर एक के भीतर विद्यमान हूँ।' कृष्ण ने अर्जुन को बताया कि संसार के हर पदार्थ, हर जीव, हर भाव में वे स्थित हैं। जो उन्हें जिस रूप में भजता

है, उसे उसी रूप में मिलते हैं। कृष्ण ने अर्जुन को जब अपना विराट रूप दिखाया तो वह काँपने लगा। उसने देखा—कृष्ण का विशाल दाढ़ोंवाला मुख प्रलय काल की अग्नि के समान धधक रहा है। उस मुख में धृतराष्ट्र के सब पुत्र, राजाओं के समुदाय, भीष्म, द्रोण, कर्ण और पांडव पक्ष के भी अनेक योद्धा बड़े वेग से समाते चले जा रहे हैं और धधकती लौ में पतंगों के समान जलकर नष्ट हो रहे हैं। कृष्ण ने अर्जुन से कहा—'मैं लोकों का नाश करने वाला महाकाल हूँ। यदि तू युद्ध नहीं करेगा तो भी सेनाओं में खड़े ये योद्धागण जीवित नहीं रहेंगे। इसलिए तू खड़ा हो। शत्रुओं को जीतकर यश प्राप्त कर और धनधान्य से सम्पन्न राज्य के सुखों को भोग। हे अर्जुन, अधर्म के कारण कौरवों का नाश हो चुका है। तू केवल निमित्त बन।' कृष्ण के कर्मयोग और नीतिपरक उपदेशों को सुनकर अर्जुन के मन का मोह और सन्देह दूर हो गया। निर्भय होकर उसने अपना शस्त्र उठा लिया और धर्मयुद्ध के लिए तत्पर हो गया। अठारह दिनों तक चले महाभारत के भीषण युद्ध में कौरवों को पराजित कर पांडवों ने अपना खोया हुआ राज्य पुनः प्राप्त किया। युधिष्ठिर हस्तिनापुर के नए सम्राट घोषित किए गये।

महाप्रस्थान : महाभारत के युद्ध में पांडवों के बहुत से परिजन और योद्धा मारे गये थे, लेकिन कौरवों का तो करीब-करीब समूचा नाश हो गया। अपने सौ पुत्रों के मारे जाने से दुखी कौरवों की माँ गान्धारी ने कृष्ण को शाप देते हुए कहा—'कृष्ण, तुम चाहते तो इस युद्ध को रोक सकते थे। मेरे बच्चे और पोते जिस तरह से निर्दयतापूर्वक मारे गये हैं, मैं तुम्हें और तुम्हारे लोगों को शाप देती हूँ! वे भी आपस में लड़ते हुए मारे जाएँगे।'

कृष्ण द्वारिका में छत्तीस वर्षों तक रहे। गान्धारी का शाप धीरे-धीरे फलित हुआ। यादवों में अहंकार, द्वेष और मदिरापान इतना बढ़ गया कि वे आपसी कलह में ही उलझकर एक-दूसरे के खून के प्यासे हो गये और अपना अन्त कर बैठे। यादव जाति के सर्वनाश से दुखी होकर बलराम ने भी प्राण त्याग दिए और कृष्ण अपने शेष बचे परिजनों को हस्तिनापुर के हवाले कर प्रभास क्षेत्र के घने वन में चले गये। वहाँ एक पेड़ के सहारे वे योगनिद्रा में लेटे हुए थे कि 'जरा' नामक एक शिकारी का तीर उनके पाँव में आकर लगा और वे देह त्याग कर अपने वैकुंठ धाम पहुँच गये।

जातस्य हि ध्रुवो मृत्युर्ध्रुवं जन्म मृतस्य च।
तस्मादपरिहार्येऽर्थे न त्वं शोचितुमर्हसि॥

(श्रीमद्भगवद्गीता 2/27)

गीता में कृष्ण ने कहा है—'जो पैदा हुआ है उसका मरना निश्चित है।' उन्होंने पृथ्वी पर मानव रूप में जन्म लेकर मानवी शक्तियों द्वारा परम सत्य को जीकर दिखाया। इस पृथ्वी को मर्त्यलोक कहते हैं। यह मनुष्य जाति के लिए जीवन मूल्यों की प्रयोगशाला है। बहुत बार यह प्रश्न उठाया जाता है कि परमात्मा को अवतार क्यों लेना पड़ता है। परमात्मा अपार शक्तियुक्त हैं, वे स्वयं अपनी शक्ति